토익 노베이스

기초 문법/구문

▲ 강의 바로보기

학습 포인트

- 명사: 사람이나 사물의 이름
- 셀 수 있는 명사: 사람이나 사물처럼 낱개로 셀 수 있는 명사
- 셀 수 없는 명사: 물질, 감정, 추상적인 개념처럼 낱개로 셀 수 없는 명사

■ 명사의 기능

·명사는 문장에서 행위를 하는 주체 또는 행위를 당하는 대상을 나타낼 수 있습니다.

주어　　　동사　　　목적어
Employees will receive bonuses.
직원들이 보너스를 받을 것이다.

사람을 나타내는 명사 employee는 보너스를 받는 주체이며, 이런 기능을 하는 명사를 **주어**라고 합니다. 주어는 동사 앞에 위치합니다. 그와 반대로, bonus는 사람에게 주어지는 대상입니다. 이런 기능을 하는 명사를 **목적어**라고 하며, 동사의 뒤에 위치합니다.

또 다른 명사의 기능은 보어로 사용되는 것입니다. **보어**란 주어 또는 목적어를 보충 설명해 주는 말로, 보어 자리에 명사가 들어간다면 주어 또는 목적어의 기능, 성질, 신분 등을 나타냅니다.

주어　　　　　　　동사　　　보어
Three years of experience is a requirement for the position.
3년의 경력이 그 직책에 필수사항이다.

3초 퀴즈

------- should wear
protective gear in
their workplace.

(A) Employees
(B) Employ

■ 명사의 특징

명사의 가장 중요한 특징은 개수로 셀 수 있는가 없는가에 따라서 형태가 달라진다는 것입니다.

Customers who submit **a complaint** can receive a response within 24 hours.
불만사항을 제출한 고객들은 24시간 내에 답변을 받을 수 있다.

All **participants** will receive a luxury gift.
모든 참가자들이 고급스러운 선물을 받을 것이다.

The upcoming workshop will focus on improving **cooperation**.
곧 있을 워크숍은 협동을 향상시키는 데 초점을 맞출 것이다.

첫 번째 예문에 쓰인 complaint처럼 한 개, 두 개 셀 수 있는 명사는 하나를 나타낼 때 a 또는 an이 앞에 붙는데, 이 형태를 **단수명사**라고 합니다.

그런데 '참가자'라는 뜻을 가진 명사 participants는 앞에 a가 없고 뒤에 -s가 붙었습니다. 이렇게 둘 이상을 나타낼 때는 뒤에 -(e)s를 붙이는데, 이 형태를 **복수명사**라고 합니다. 단수 형태로 사용되는 모든 명사는 복수 형태를 가질 수 있으며, 이런 명사를 **셀 수 있는 명사** 또는 **가산명사**라고 부릅니다.

토익에서는 마지막 예문의 cooperation처럼 앞에 a나 an이 붙지도 않고 뒤에 -es가 붙지도 않는 명사들이 중요합니다. 협력을 뜻하는 명사 cooperation은 개념을 나타내기 때문에 단수 형태로 쓸 수도, 복수 형태를 가질 수도 없습니다. 이런 명사를 **셀 수 없는 명사** 또는 **불가산명사**라고 합니다.

■ 명사의 형태

명사의 가장 기본적인 형태는 동사 뒤에 -er/-or/-ee를 붙여서 그 행위를 하는 사람을 나타내는 것입니다. 사람은 셀 수 있기 때문에 이 명사들은 모두 가산명사입니다.

> 동사 produce: ~을 생산하다
> Safe Food is the biggest **producer** of organic food in the region.
> 세이프 푸드 사는 이 지역에서 가장 큰 유기농 식품 생산 업체이다.
>
> 동사 inspect: ~을 조사하다
> **Inspectors** will arrive this afternoon.
> 조사관들이 오늘 오후에 도착할 것이다.

그 다음으로 자주 쓰이는 명사 형태는 동사 뒤에 -sion/-tion/-ment/-ance를 붙여서 동작이나 행위를 나타내는 명사입니다. 특히 -ment 형태의 명사는 토익에서 대부분 가산명사로 사용됩니다.

> 동사 protect: ~을 보호하다
> We specialize in the **protection** of personal information.
> 저희는 개인 정보 보호를 전문으로 합니다.
>
> 동사 agree: 합의하다
> Ms. Givens has signed an **agreement** with the largest local meat processor.
> 기븐스 씨는 지역 최대 육가공업체와의 합의서에 서명했다.

그리고 형용사 뒤에 -ity를 붙이는 명사들은 성질을 나타낼 수 있는데 이 명사들은 토익에서 대부분 불가산 명사로 쓰입니다.

> 형용사 popular : 인기 있는
> Ms. Greene is responsible for increasing the **popularity** of our new product.
> 그린 씨는 우리 신제품의 인기를 높이는 직무를 맡고 있습니다.

오늘 배운 내용을 바탕으로 연습문제를 풀어 보세요.

1   ------- is continually increasing at our factories.

   (A) Produce   (B) Productive
   (C) Productivity   (D) Produces

memo

2   Users can find ------- on our product in the manual.

   (A) inform   (B) information
   (C) informed   (D) informational

3   The CEO of Green Food successfully made an -------
    with large contractors.

   (A) agree   (B) agreed
   (C) agreement   (D) agreeable

4   Managers should make ------- with confidence.

   (A) decide   (B) decidedly
   (C) decisive   (D) decisions

5   ------- will be considered if they arrive before June 6.

   (A) Apply   (B) Applied
   (C) Applications   (D) Applicable

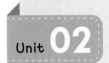

학습 포인트

- 대명사: 명사를 대신하는 말
- 사람을 가리키는 인칭대명사: 격(= 자리)에 맞추어 사용
- 소유자와 소유물을 한꺼번에 나타내는 소유대명사
- 자기 자신을 가리키는 재귀대명사

■ 인칭대명사

영어는 똑같은 단어를 반복해서 사용하는 것을 싫어하는 경향이 있습니다. 그래서 앞에 나온 사람명사가 또 사용될 자리에 그 명사를 대신하는 말을 사용하는데, 이것을 **인칭대명사**라고 합니다.

> 남자 한 명   = Mr. Muller
> **Mr. Muller** joined our team and we warmly welcomed **him**.
> 뮐러 씨가 우리 팀에 들어왔고 우리는 그를 열렬히 환영했다.

인칭대명사는 성별과 가리키는 대상의 수, 문장 내에서의 자리에 따라 다양한 형태로 사용됩니다. 그리고 인칭대명사가 사용될 자리를 '격'이라고 합니다.

- 주어 자리 = 동사 앞 = 주격
- 목적어 자리 = 동사/전치사 뒤 = 목적격
- 소유자 자리 = 명사 앞 = 소유격

3초 퀴즈

You have to bring samples with you and show ------- to the clients.

(A) they
(B) them

인칭대명사의 격

문법에서 '대명사의 격'이란 대명사가 사용되는 특정 자리를 가리킵니다. 주어 자리에 사용되면 **주격**, 목적어 자리에 사용되면 **목적격**, 그리고 명사 앞에서 소유자를 나타내면 **소유격**이라고 부릅니다. 가장 많이 출제되는 인칭대명사의 격은 소유격으로, 명사 앞에 쓰여 명사를 수식할 수 있습니다.

소유격   명사
The CEO rewarded Mr. Ted for **his hard work**.
회사 대표는 테드 씨에게 그의 노고에 대해 보상해 주었다.

Mr. Kenneth was asked if he wanted to renew ------- magazine subscription.

(A) him
(B) his

또 다른 대명사 자리는 주어 자리에 들어가는 주격입니다. 동사 앞에 인칭대명사가 쓰여야 한다면 주격을 써야 합니다.

주격   동사
Mr. Schultz promised pay raises, so **he received** huge applause.
슐츠 씨는 급여 인상을 약속하였고, 따라서 그는 엄청난 박수갈채를 받았다.

인칭대명사의 마지막 격은 목적격으로 목적어 자리라는 뜻입니다. 목적격은 전치사 뒤 또는 동사의 뒤에 사용됩니다.

them이 가리키는 대상   전치사
Most of the **applicants** are excellent at using computers, but a few **of them** are not.
지원자 대부분은 컴퓨터를 잘 다루지만, 그중 몇몇은 그렇지 못하다.

them이 가리키는 대상
Several temporary workers have become full-time employees, so please
동사
welcome **them**.
몇몇의 임시 직원들이 정직원이 되었으니, 그분들을 환영합시다.

■ 소유대명사

인칭대명사의 모양이지만 사람이 아니라 사람이 소유한 사물을 가리키는 대명사가 있는데, 이것을 **소유대명사**라고 합니다. 명사 앞에 사용하는 소유격과 헷갈릴 수 있지만, 소유대명사는 목적격과 같은 자리에 사용되므로 확실하게 구분할 수 있습니다. 그러면 같은 자리에 사용되는 목적격과 소유대명사를 어떻게 구분할까요? 목적격은 소유한 사람을 가리키고, 소유대명사는 사람이 소유한 사물 또는 신체 일부를 가리킵니다.

> 　　　　　소유격 + 명사　　　　　소유대명사(= your back)
> If you scratch **my back**, I will scratch **yours**.
> 당신이 나의 등을 긁어준다면, 나도 당신의 등을 긁어줄 것이다.

■ 재귀대명사

주어가 자기 자신에게 어떤 행위를 하는 경우, 즉 주어와 동사의 목적어가 동일한 경우에는 목적격 인칭대명사 끝에 -self/-selves(자기, 자신)를 붙입니다. 이런 인칭대명사를 '행위 결과가 행위자에게 돌아간다'는 의미로 **재귀대명사**라고 부릅니다.

> 　주어　　　　　목적어(= Chris)
> **Chris** showed **himself** to be a great asset by winning the Megasoft contract.
> 크리스 씨는 메가소프트 계약을 따내면서 자신이 훌륭한 인재라는 것을 보여주었다.

재귀대명사는 자신이 직접 했다는 것을 강조하는 부사로도 자주 쓰입니다. 이 경우, 주어와 동사 그리고 목적어를 모두 갖춘 완전한 문장 뒤에 위치합니다.

> 　주어　　　　　　　　　　　　　　　　　동사　　　　목적어　　　　재귀대명사(= Attendees)
> **Attendees** at the annual book fair must **make travel reservations themselves**.
> 연례 도서 박람회 참가자들은 직접 출장 예약을 해야 한다.

Practice | 정답 및 해설 p. 36

▲ 강의 바로보기

오늘 배운 내용을 바탕으로 연습문제를 풀어 보세요.

1 Please let me know if ------- can work this weekend.

(A) you　　　　　　(B) your
(C) yourself　　　　(D) yours

memo

2 We have thirty workers at the factory and some of ------- will retire next month.

(A) they　　　　　　(B) their
(C) them　　　　　　(D) theirs

3 Janis asked me to review her report when I finished -------.

(A) I　　　　　　　(B) my
(C) mine　　　　　(D) myself

4 Mr. Robinson is considering quitting ------- job because he will move out of the city.

(A) he　　　　　　(B) his
(C) him　　　　　(D) himself

5 Most of our employees drive cars ------- when they come to work.

(A) they　　　　　　(B) their
(C) themselves　　　(D) them

품사: 동사

▲ 강의 바로보기

학습 포인트

- 앞에 행위자를 나타내는 주체(= 주어)를 가짐
- 앞에 시간 또는 의지 등을 나타내는 조동사를 가질 수 있음
- 행위가 이루어지는 시간에 맞추어 시제 변화를 함
- 주어의 수에 맞추어 단수형과 복수형을 구분하여 사용
- 행위를 당하는 대상(= 목적어)을 주어로 사용 가능

■ 동사의 자리

영어에서는 행위를 나타내는 단어인 동사와 붙어 다니는 단어들이 있는데, 대표적으로 주어 그리고 동사의 의미를 보조하는 조동사가 있습니다. 그런데 조동사만 출제되지는 않으므로 동사 앞에 빈칸이 있다면 명사나 주격 인칭대명사를 주어로 선택할 수 있고, 반대로 주어 또는 조동사 다음에 들어갈 단어로 동사를 쉽게 선택할 수 있습니다.

> 주어   동사
> **The city officials recommend** using public transportation on weekends.
> 시 당국자들은 주말에 대중교통을 이용하도록 권장한다.
>
> ☞ 동사의 바로 앞에 주어가 나오므로 주어 뒤는 동사가 필요한 자리입니다.

위 예문처럼 동사의 앞에 명사 주어가 올 수 있지만, 주격 인칭대명사가 주어로 사용되는 경우도 많습니다.

> 주어 조동사   동사
> **You must consult** with Mr. Atkins before you sign the contract.
> 계약서에 서명하기 전에 앳킨스 씨와 상의해야 합니다.

위 예문처럼 동사 자리 앞에 바로 주어가 오는 것이 아니라 조동사 또는 요청을 나타내는 부사 please가 오는 경우도 종종 있는데, 이때 뒤에 올 동사의 형태로 동사원형을 사용합니다.

■ 동사의 시제 변화

동사의 가장 큰 특징은 행위가 발생하는 시점에 맞추어 형태가 변화한다는 것입니다. 이것을 동사의 시제 변화라고 합니다. 시제는 크게 과거완료(had 과거분사), 과거(동사원형 + (e)d), 현재완료(have 과거분사), 현재(동사원형), 미래완료(will have 과거분사), 미래시제(will 동사원형)로 구분하여 사용합니다. 문장 내에 동사의 시제를 나타내는 단서가 있으니 이를 바탕으로 알맞은 시제를 고르면 됩니다.

- 동사원형   discuss (기본 형태)
- 과거   discuss**ed** (동사 끝에 −ed를 붙이지만 e로 끝나면 d만 추가)
- 과거분사   discuss**ed** (동사 끝에 −ed를 붙이지만 e로 끝나면 d만 추가)

☞ 과거와 과거분사 형태가 「동사원형+(e)d」가 아닌 전혀 다른 형태를 사용하는 경우도 있습니다.

미래시제   미래시제 단서
We **will discuss** the matter at **tomorrow's meeting**.
우리는 내일 회의에서 그 문제를 논의할 것입니다.

☞ tomorrow가 미래 시점이므로 동사의 시제도 미래시제 will discuss가 되어야 합니다.

Mr. Lee ------- the Tokyo IT conference next week.

(A) attended
(B) will attend

　　　　　　　　　　　　　과거시제　　　　　　　　　　　　　　　　　　　과거시제 단서
The Sherman Group **released** a new product **last week**.
셔먼 그룹은 지난주에 신제품을 출시했다.

☞ last week가 과거 시점이므로 동사의 시제도 과거시제 released가 되어야 합니다.

■ 동사의 수 일치

동사는 주어의 수에 맞추어 변화하는데, 주어가 제3자인 3인칭 단수(1인, 1개, 셀 수 없는 명사)일 때 동사 끝에 -(e)s가 붙는다는 것만 기억하면 됩니다. 나머지 주어들에 대해서는 모두 동사의 기본형인 동사원형을 사용합니다. 명사는 끝에 -(e)s가 붙으면 복수지만, 동사는 끝에 -(e)s가 붙으면 단수라는 것을 꼭 기억하세요.

　　　　　단수 주어　　　　　　　　단수 동사
Our monthly newsletter **contains** a full list of our clients.
우리의 월간 소식지는 우리 고객들의 명단 전체를 포함하고 있습니다.

주어와 동사의 수 일치를 통해 복수 주어를 보고 복수 동사를 고를 수도 있지만, 거꾸로 복수 동사를 보고 복수 주어를 고를 수도 있습니다.

　　복수 주어　　　　　　　　　　　복수 동사
Employees at Best Logistics often **meet** with management.
베스트 로지스틱스의 직원들은 종종 경영진과 모임을 가진다.

■ 동사의 수동태

영어에서는 중요한 단어가 문장 앞쪽에 위치합니다. 그래서 동사 뒤에 행위를 당하는 대상인 목적어가 나오는 「주어 + 동사 + 목적어」 구조의 문장에서, 목적어를 주어 자리로 이동시켜 목적어를 강조할 수 있는데 이것을 **수동태**라고 합니다. 수동태는 '(남에 의해서) ~당하다, ~되다, ~받다'로 해석됩니다.

주어   동사   목적어
Mr. Wayne <u>handles</u> online orders.
웨인 씨는 온라인 주문을 처리한다.

☞ 동사 handle 행위의 주체인 주어가 문장 앞에 위치한 일반적인 문장입니다.

목적어   수동태   주어
Online orders <u>are handled</u> by Mr. Wayne.
온라인 주문이 웨인 씨에 의해 처리된다.

☞ 특히 강조하고 싶은 online orders가 주어 자리로 이동한 수동태 문장입니다.

수동태가 만들어지는 과정은 ① 목적어를 주어 자리로 이동시키고 ② 동사를 「be동사 + 과거분사」 형태로 바꾸는 것입니다. 나머지 단어들은 원래 자리에 그대로 두면 됩니다. 마지막으로 ③ 주어를 「by + 행위자」의 형태로 만들어 과거분사 자리 뒤로 이동합니다.

수동태 문장에서는 we, you처럼 일반적인 인칭대명사거나 행위자를 뻔히 알 수 있는 경우에는 「by + 행위자」를 생략하기도 합니다.

3초 퀴즈

All participants
------- by Mr. Kim's
presentation at the
conference.

(A) impressed
(B) were impressed

수동태
A seafood dish <u>will be offered</u> free for your patronage.
애용해 주시는 보답으로 해물 요리가 무료로 제공될 것입니다.

☞ 수동태에서 주어로 사용된 a seafood dish는 원래 동사 offer의 목적어입니다. 뒤에 「by + 행위자」가 생략된 이유는 레스토랑이 요리를 무료로 제공하는 행위자임을 누구나 알 수 있기 때문입니다.

▲ 강의 바로보기

오늘 배운 내용을 바탕으로 연습문제를 풀어 보세요.

1   Mr. Hilton will ------- the appointment of Ms. Whitman as his successor.

memo

   (A) announce   (B) announcement
   (C) announcer   (D) announcing

2   Please ------- the step-by-step instructions in order to download our free samples.

   (A) follow   (B) follows
   (C) follower   (D) following

3   Global Logistics Inc. ------- claims for late deliveries or damaged goods 24 hours a day.

   (A) accepts   (B) acceptance
   (C) acceptable   (D) accepting

4   Stanley & Rogan law office ------- several clients last year.

   (A) lose   (B) lost
   (C) will lose   (D) loser

5   Weekend overtime schedules should ------- to the Personnel Office by Wednesday.

   (A) submit   (B) submitted
   (C) will submit   (D) be submitted

학습 포인트

- 형용사와 부사는 사용되는 위치가 정해져 있어서 주로 위치를 파악하는 유형으로 출제됨
- 명사를 꾸며주는 말인 형용사는 -al, -ful, -tive, -ous, -able, -ed, -ing 등으로 끝남
- 동사 또는 형용사를 꾸며주는 말인 부사는 주로 -ly로 끝남
- 형용사와 부사는 선택지에 함께 제시되어 둘 중 하나를 선택하도록 출제됨

■ 형용사의 기능

명사의 특징을 설명해주는 말인 형용사는 주로 명사의 앞에 사용됩니다.

형용사   명사

The Amber Jewelry Shop specializes in expensive items.
앰버 보석상은 비싼 상품들을 전문으로 한다.

주어의 상태를 설명하는 기능을 하는 be동사의 뒤에 주어를 꾸며주는 보어가 올 수 있는데, 특히 형용사가 보어의 역할을 할 수 있습니다.

주어   형용사(= 보어)

Items at the Amber Jewelry Shop are expensive.
앰버 보석상에 있는 상품들은 비싸다.

be동사처럼 뒤에 형용사 보어를 가지는 동사들로는 seem(~인 것 같다), appear(~인 것 같다), feel(~처럼 느끼다), remain(계속 ~하다) 등이 있습니다.

형용사(= 보어)

We feel confident that we will win the contract.
우리는 그 계약을 따낼 것이라고 확신한다.

3초 퀴즈

You should take a
------- approach when
you start a venture
business.

(A) careful
(B) carefully

부사의 기능

어떤 행위나 상태를 강조하는 말을 부사라고 부릅니다. 부사는 주로 행위를 나타내는 동사를 따라다니며 꾸며 줍니다. 부사는 꾸며주는 말의 앞에 위치하는 것이 일반적이므로 주로 동사 앞 자리에 오지만, 가끔 동사의 뒤에 위치하기도 합니다.

> 부사   동사
>
> Mr. Hong **mistakenly thought** that the meeting was cancelled.
> 홍 씨는 회의가 취소되었다고 잘못 생각했다.
>
> ☞ 동사를 꾸며주는 부사는 주로 동사의 앞에 옵니다.

수동태 문장에서도 이 구조는 똑같이 유지됩니다. be동사가 있어도 신경쓰지 말고 과거분사 형태를 가진 동사 바로 앞에 부사를 넣으면 됩니다.

> 부사   동사(= 과거분사)
>
> Ms. Gardner **is highly praised** for her dedication to the company.
> 가드너 씨는 회사에 대한 헌신에 대해 매우 칭송받고 있다.

그런데 아래 예문처럼 부사는 동사의 뒤 또는 문장의 끝에 올 수도 있습니다.

> 동사   부사
>
> This time we will **fill** the position **internally**.
> 이번에 우리는 그 자리를 내부에서 채울 것입니다.

3초 퀴즈

Housing prices are increasing ------- due to rising demand.

(A) slow
(B) slowly

부사의 또 다른 중요한 기능은 형용사 또는 다른 부사를 꾸며주는 것입니다. 이 경우 부사는 자신이 꾸며주는 단어의 바로 앞에 위치하는 것이 일반적입니다.

> 부사   형용사
>
> Viral marketing is proving **increasingly effective** for our new service.
> 바이럴 마케팅은 우리의 새로운 서비스에 대해 점점 더 효과적인 것으로 드러나고 있다.

■ 형용사의 형태

아래 단어들은 형용사 자리에 들어갈 수 있는 형태들이니 잘 기억해두시기 바랍니다.

형태	예시
-ful	careful 주의하는 useful 유용한 helpful 도움이 되는 successful 성공적인
-al	additional 추가의 essential 필수적인 original 원본의 exceptional 우수한
-able, -ible	suitable 적합한 reasonable 합당한 available 이용할 수 있는 accessible 접근 가능한
-ous	generous 관대한, 후한 various 다양한 cautious 조심스러운
-ive	effective 효과적인 creative 창의적인 innovative 혁신적인 extensive 넓은, 대규모의
-ent, ant	dependent 의존적인 excellent 훌륭한 relevant 관련 있는

Our customer service is <u>available</u> 24 hours a day.
저희 고객 서비스는 하루 중 어느 때나 이용하실 수 있습니다.

이 외에 동사를 변형하여 사용하는 형용사 형태가 있는데, 주로 -ed로 끝나는 과거분사와 -ing로 끝나는 현재분사 두 가지 형태로 사용됩니다.

형용사
Please read the <u>revised</u> contract very carefully before you sign it.
서명하기 전에 개정된 계약서를 잘 읽어보십시오.

☞ revised는 동사 revise의 과거분사 형태이기 때문에 행위를 당하는 수동의 의미를 지닙니다. 이와 반대로 -ing 형태의 현재분사는 수식 받는 명사가 행위를 직접 하는 능동의 의미를 가집니다.

■ 부사의 형태

부사의 형태는 대부분 -ly로 끝납니다.

If you are on the waiting list, you will be <u>automatically</u> notified when a seat is available.
만약 귀하가 대기자 명단에 오른다면, 자리가 날 때 귀하는 자동으로 알림을 받게 될 것입니다.

-ly로 끝나지 않는 부사도 있지만, 이 경우 어휘 문제에 가까우므로 well attended처럼 대표적인 것들만 숙어처럼 암기해 두는 것이 좋습니다.

부사
Today's demonstration was <u>well</u> attended by shoppers.
오늘 시연회에 손님들이 많이 참석해주었다.

▲ 강의 바로보기

오늘 배운 내용을 바탕으로 연습문제를 풀어 보세요.

1   Social media platforms seem to be the most ------- way of marketing these days.

memo

(A) effect   (B) effective
(C) effects   (D) effectively

2   Harry's Auto Shop is open with ------- hours on Wednesdays.

(A) limit   (B) limited
(C) limits   (D) limitation

3   The new law requires all businesses to collect general garbage and recyclable waste -------.

(A) separate   (B) separates
(C) separately   (D) separation

4   Please be advised that we are not ------- for the loss of any unattended items.

(A) responsible   (B) responsibly
(C) response   (D) responsibility

5   The Hemington Hotel is ------- located near the airport.

(A) convenience   (B) convenient
(C) conveniences   (D) conveniently

▲ 강의 바로보기

학습 포인트

- 전치사는 명사 앞에서 명사를 다른 단어와 연결함
- 전치사가 가진 고유한 의미와 맞는 명사를 연결해야 함
- 접속사는 어떠한 품사든 두 가지 요소를 연결함
- 접속사가 가진 고유한 의미와 맞는 내용이 연결되어야 함

■ 전치사의 기능

전치사는 명사 앞에서 명사와 다른 단어를 연결하는 역할을 하므로 항상 뒤에 목적어를 가집니다. 따라서 전치사 뒤에는 명사 또는 명사와 같은 기능을 하는 동명사만 올 수 있습니다.

> 전치사   명사
> Mr. Kappa announced his resignation **in the year-end speech** to employees.
> 카파 씨는 직원들에게 한 송년 연설에서 자신의 사임을 발표했다.
>
> 전치사 동명사
> Mr. Davis specializes **in recruiting** talented employees.
> 데이비스 씨는 유능한 직원들을 발굴하는 일을 전문으로 한다.

■ 전치사의 특징과 종류

전치사를 사용할 때는 전치사의 의미와 명사의 유형이 일치해야 합니다. 예를 들면, 시간을 나타내는 명사 앞에는 시간을 나타내는 전치사가 와야 하고, 이유를 나타내는 명사 앞에는 이유를 나타내는 전치사가 와야 합니다.

> 기간 전치사   기간을 나타내는 명사
> All items can be refunded **within 10 days of purchase**.
> 모든 상품은 구입 후 10일 이내에 환불될 수 있습니다.

☞ 10 days of purchase는 환불을 받을 수 있는 기한을 나타내므로 기간을 나타내는 전치사 within이 그 앞에 와야 합니다.

3초 퀴즈

Our team leaders meet everyday ------- 8 a.m. to discuss the day's issues.

(A) on
(B) at

아래 표는 토익에서 자주 사용되는 전치사들을 유형별로 분류한 것입니다. 각 유형별 전치사의 의미를 정확하게 알아 두어야 합니다.

장소/위치/범위	in ~에(경계가 명확한 장소) at ~에(경계가 모호한 장소) on ~ 위에 before/after ~앞/뒤에 by ~옆에 to ~로 from ~로부터 throughout ~전체에 걸쳐서 across ~ 전체에 걸쳐서
시간/기간	in + 월 ~월에 on + 날짜 ~일에 at + 시각 ~시에 before/after ~앞/뒤에 by ~까지 until ~까지 during ~ 동안 for ~동안 over ~ 기간에 걸쳐서 since ~이래로 within ~이내에
이유	because of ~ 때문에 for ~ 때문에 as ~ 때문에 since ~이므로 thanks to ~ 덕분에 due to ~ 때문에
관계	with ~와 함께, ~을 가지고 between ~ 사이에 among ~ 사이에 for ~을 위해 against ~에 반대하여 about ~에 관하여 on ~에 관하여 at ~에 소속되어 in ~분야에서 of ~ 소유의
양보	despite ~에도 불구하고 in spite of ~에도 불구하고

기간 전치사   기간 명사

Our technical support service is valid **for two years**.
우리의 기술 지원 서비스는 2년 동안 유효합니다.

장소 전치사   특정 행사 이름

Ms. Rogers has won first prize **in the National Innovation Contest**.
로저스 씨는 전국 혁신 경진대회에서 우승을 했다.

■ 접속사의 기능

전치사는 명사를 다른 단어와 연결하지만, 접속사는 성질이 같은 모든 요소를 연결할 수 있으며, 구와 절도 연결할 수 있습니다.

명사 + 접속사 + 명사

You can donate **money or time** at the charity event.
여러분은 그 자선 행사에 돈 또는 시간을 기부하실 수 있습니다.

동사구 + 접속사 + 동사구

The presentation will **begin at 2 p.m. and end at 5 p.m.**
설명회는 오후 2시에 시작되며, 오후 5시에 끝날 것입니다.

절 + 접속사 + 절

We usually hold the staff meeting on Monday, **but we will meet on Tuesday next week.**
우리는 보통 월요일에 직원회의를 열지만, 다음 주는 화요일에 모일 것입니다.

3초 퀴즈

You can take bus 102 ------- the Line 7 subway to come to my office.

(A) or
(B) so

■ 접속사의 종류와 위치

접속사는 종류에 따라 대등하게 연결하는 등위접속사와 종속 관계로 연결하는 종속접속사로 구분됩니다. 각 접속사들의 종류와 의미를 꼭 알아두세요.

종류	절의 역할	의미
등위접속사		**and** 그리고(대등) **but** 하지만(상반) **or** 또는(선택) **so** 그러므로(결과)
종속접속사	명사절 접속사 (= 명사 역할)	**that** ~라는 것 **what** ~라는 것 ☞ **결정된 내용**
		whether ~인지 아닌지 **if** ~인지 ☞ **결정되지 않은 내용**
	부사절 접속사 (= 부사 역할)	**when** ~할 때 **while** ~하면서, ~하는 동안 **as** ~하면서 **before** ~하기 전에
		after ~한 후에 **since** ~한 이래로 죽 **until** ~할 때까지
		if 만약 ~라면 **unless** 만약 ~하지 않으면 **once** 일단 ~하면
		although 비록 ~이지만 **even though** 비록 ~이긴 하지만
		because ~때문에 **since** ~때문에 **now that** ~이므로
		so that ~하기 위해

등위접속사는 연결되는 요소들의 사이에 위치합니다.

> To receive a refund, you must bring **the original receipt and the item** within 7 days of purchase.
>
> 환불 받으시려면, 구매 후 7일 이내에 원본 영수증과 물건을 가지고 오십시오.

종속접속사는 종속되는 절의 앞에 위치합니다.

> Please leave the key card at the front desk **when** you check out.
> 퇴실을 하실 때 키를 프론트 데스크에 맡겨 주시기 바랍니다.

☞ 퇴실하는 일은 키를 맡기는 일이 발생할 조건을 나타냅니다.

■ 전치사와 종속접속사의 구분

전치사와 종속접속사는 모두 두 개의 요소를 연결할 수 있으나, 전치사는 절을 연결할 수 없으며 종속접속사는 명사를 연결할 수 없는 차이가 있습니다. 따라서, 전치사와 종속접속사가 모두 선택지에 있고 빈칸 뒤에 연결된 것이 명사라면 전치사를, 절이라면 접속사를 고르면 됩니다.

> Customers can bring their food and enjoy it at our store [**during** / while] the **three-day festival**.
> 3일의 축제 기간 동안 손님들께서는 저희 가게에 음식을 가지고 오셔서 드셔도 됩니다.

☞ during과 while 둘 다 기간을 나타내지만 뒤에 명사구를 연결할 수 있는 것은 전치사 during입니다.

Practice | 정답 및 해설 p. 39

▲ 강의 바로보기

오늘 배운 내용을 바탕으로 연습문제를 풀어 보세요.

1 We ------- Lime Software value customer satisfaction.

(A) of　　　　　　(B) at
(C) to　　　　　　(D) on

memo

2 The online education market in Korea is expected to increase by 30 percent ------- three years.

(A) at　　　　　　(B) within
(C) to　　　　　　(D) already

3 Our software is free for individual users ------ donations are appreciated.

(A) for　　　　　　(B) or
(C) if　　　　　　(D) but

4 ------- Ms. Stan is less experienced than Mr. Greene, she has a certificate in accounting.

(A) That　　　　　　(B) Although
(C) Because　　　　　(D) But

5 We can offer you a free loaner phone ------- your phone is being repaired.

(A) and　　　　　　(B) during
(C) also　　　　　　(D) while

Unit 06 문장구조: 구와 절

▲ 강의 바로보기

학습 포인트

- 구: 주어와 동사를 제외한 두 개의 단어가 조합된 것으로, 하나의 품사 역할을 함
- 절: 주어와 동사를 갖춘 두 개 이상의 단어가 조합된 것으로, 문장을 구성할 수 있음
- 문장: 하나 이상의 절이 조합된 것으로, 두 개 이상의 문장을 연결할 때는 접속사가 필요함

■ 절과 문장

영어 문장은 하나 이상의 절로 이루어지며, 절은 「주어 + 동사」라는 구조를 갖추어야 합니다.

_{주어} _{동사}
Mr. Reymond educates new employees on the latest technical issues.
레이먼드 씨는 신입사원들에게 최신 기술 문제들에 대해 교육한다.

두 개의 절이 하나의 문장을 구성할 때는 두 절을 접속사로 연결해야 합니다. 이때 각각의 절에 주어와 동사가 포함되어야 합니다. 조언이나 충고를 나타내는 절에서 상대를 가리키는 주어 you를 생략하기도 하는데 이를 명령문이라고 합니다.

_{주어} _{동사} _{접속사 주어} _{동사}
We will ship the item **once it has arrived** from our supplier.
공급업체로부터 물품이 도착하는 대로 발송할 예정입니다.

_{명령문}
If you commute by train, **consider** purchasing a monthly pass.
만약 기차로 통근하신다면, 월 정기승차권을 구매하는 것을 고려하십시오.

 3초 퀴즈

The board ------- all candidates for the CEO position and will announce the result tomorrow.

(A) considered
(B) consideration

■ 부사구

두 개 이상의 단어가 모여서 하나의 품사 역할을 하는 것을 **구**라고 부르며, 특히 부사의 역할을 하는 구를 **부사구**라고 합니다. 부사구는 대부분 함께 제시된 절을 수식하며, 대표적으로 전치사구, to부정사구, 분사 구문 등이 있습니다.

- 전치사 + 명사/동명사 = 전치사구
- to부정사 + 명사 = to부정사구 → 절 수식 기능 = 부사구
- (접속사) + 분사구 + 명사 = 분사구문

영어에서 가장 많이 볼 수 있는 구는 「전치사 + 명사/동명사」로 구성되는 전치사구입니다.

명사
Ms. Eramo is eligible **for** **promotion** this month.
에라모 씨는 이번 달에 승진 자격이 있다.

동명사
Prior to starting his own business, Mr. Leman had worked for a trading company for 20 years.
자신의 사업을 시작하기 전에, 르만 씨는 20년 간 무역회사에서 일을 했다.

전치사구 다음으로 많이 사용되는 부사구는 to부정사구입니다. '~하기 위해서, ~하려면'이라는 뜻을 가지 며, 주로 목적을 나타냅니다.

Please enter your password to gain access to your account.
귀하의 계정에 접속하시려면 비밀번호를 입력하십시오.

☞ 비밀번호를 입력하는 것은 계정에 접속하기 위한 목적에 해당하므로 목적을 나타 낼 수 있는 to부정사가 와야 합니다.

마지막으로, 영어 구문 분석을 어렵게 하는 분사구문이 있습니다. 분사구문은 종속접속사절이 구로 축약된 형태로서 접속사가 남아 있거나 생략되고 동사가 분사로 변형된 형태입니다. 분사구문이 만들어지는 과정 까지 알 필요는 없지만, 아래 예문처럼 접속사 as, when, while 등의 뒤에 주어 없이 현재분사나 과거분사 가 있다면 해당 구문이 분사구문이라는 것만 알아두면 됩니다.

You should double-check all the information **when ordering** office supplies online.
사무용품을 온라인으로 주문할 때, 모든 정보를 철저히 확인해야 합니다.

■ 형용사구

부사구 다음으로 많이 사용되는 구인 형용사구는 형용사와 다른 단어가 결합하여 명사를 수식할 수 있습니다.

- 명사 + 과거분사 + 전치사구
- 명사 + 현재분사   → 명사 수식 기능 = 형용사구
- 명사 + to부정사

가장 일반적인 형용사구는 명사 주어를 뒤에서 수식하는 분사구입니다. 이 형태는 명사를 뒤에서 수식하는 관계대명사절의 축약 형태로, 「관계대명사 + be동사」가 생략되고 분사 또는 형용사만 남거나 관계대명사가 생략되고 일반 동사가 현재분사로 바뀌어 명사를 수식하는 구조입니다.

    명사   = who are interested
Employees interested in the managerial position should complete an application form.
관리자 자리에 관심이 있는 직원들은 신청서를 작성하시기 바랍니다.

    명사   = which is priced
Every car priced over $10,000 comes with a lifetime warranty for this week only.
가격이 1만 달러 이상인 모든 차량에 이번 주에 한해 평생 보증 서비스가 따라갑니다.

    명사   = that wishes
Anyone wishing to lead the next workshop should contact Mr. Givens.
다음번 워크숍을 진행하고자 하는 분은 누구든 기븐스 씨에게 연락하십시오.

분사구가 명사 목적어 뒤에 올 수도 있는데, 이 경우도 관계대명사가 생략되고 일반 동사가 현재분사로 바뀌어 명사를 수식하는 구조입니다.

    명사   = which informs
The Troy Motors will send **an e-mail informing** their customers about a recall.
트로이 모터스 사는 고객들에게 리콜에 대해 알려주는 이메일을 발송할 것이다.

명사를 수식하기 위해 to부정사가 명사 뒤에 올 수 있습니다. 특히, to부정사는 plan(계획), way(방법), time(시기), decision(결정) 등과 같은 특정 명사들을 자주 수식합니다.

    명사
Windle Manufacturing developed **a plan to hire** temporary employees to meet higher demand.
윈들 매뉴팩처링 사는 더 높아진 수요를 맞추기 위해 임시직 직원들을 채용할 계획을 세웠다.

Practice | 정답 및 해설 p. 40

▲ 강의 바로보기

오늘 배운 내용을 바탕으로 연습문제를 풀어 보세요.

1 Please contact Ms. Song if ------- wish to attend the upcoming workshop.

(A) you
(B) your
(C) yourself
(D) yours

memo

2 A meeting ------- for July 2 to welcome new employees.

(A) scheduler
(B) to schedule
(C) scheduling
(D) is scheduled

3 We will hold an information session next week for anyone ------ in our new services.

(A) interest
(B) interests
(C) interested
(D) to interest

4 ------- the new messaging app, communication between different departments will be much improved.

(A) With
(B) When
(C) Although
(D) Also

5 Residents are complaining about noise ------- their sleep at night.

(A) affect
(B) affecting
(C) affects
(D) is affecting

강의 바로보기

학습 포인트

- 자동사: 목적어의 개념을 이미 포함하고 있어 목적어가 따로 필요하지 않은 동사
  행위 대상(= 목적어)이 주어질 경우 동사 뒤에 전치사가 필요함
- 1형식: 주어 + 동사 + 부사/부사구
- 2형식: 주어 + 동사 + 보어

■ 자동사

일반적으로 동사는 행위를 당하는 대상인 목적어가 필요합니다. 그런데 eat, drink, sleep처럼 동사에 음식, 음료, 잠 등 행위의 대상이 이미 포함되어서 목적어가 불필요한 동사들이 있는데, 이런 동사들을 **자동사**라고 합니다.

자동사의 또 다른 유형으로, 행위 대상이 있기는 하지만 문장 내에서 특정되지 않아 알 수 없는 경우가 있습니다. 예를 들어, 막연히 쳐다보는 행위를 나타내는 동사 look은 그 대상이 존재하긴 하지만 무엇을 쳐다보는지 알 수 없습니다. 그래서 동사 뒤에 정확한 대상을 나타내려면 그 대상을 지목하는 전치사 at을 사용하여 「look at + 명사」처럼 표현해야 합니다. 특히, 아래 예문처럼 동사 뒤에 「전치사 + 명사(= 전치사구)」 즉, 부사구 구조를 가지는 동사는 자동사라고 생각하면 됩니다.

자동사 + 부사구(= 전치사 + 명사)
We will be **staying** at the Harrington Hotel during the conference.
컨퍼런스 동안 우리는 해링턴 호텔에 머무를 것입니다.

위 예문에서 우리는 장소 명사 앞의 전치사 at에 주목해야 합니다. 빈칸 뒤에 목적어가 바로 연결되지 않고, 「전치사 + 명사」의 부사구 구조가 있으므로 빈칸에는 자동사가 들어가야 합니다. 자동사를 고르는 유형의 문제에서는 선택지에 목적어를 필요로 하는 동사가 함께 주어지므로 쉽게 구분할 수 있습니다.

3초 퀴즈

Before joining us, Mr. Simpson ------- as a chief designer for B&C Sportswear.

(A) served
(B) involved

■ 1형식: 주어 + 동사 + 부사/부사구

자동사는 기본적으로 두 가지 구조로 사용되는데 가장 일반적인 형태가 앞에서 본 「동사 + 부사/부사구」 구조입니다. 부사와 부사구는 동사의 행위가 이루어지는 모습을 나타내며, 주로 「전치사 + 명사」 구조인 전치사구의 형태로 사용됩니다. 즉, 동사 뒤에 명사 목적어가 아니라 부사 또는 전치사가 나와 있다면 그 동사는 1형식 자동사입니다.

자동사 + 부사

Our profits have **risen dramatically** over the last three years.
우리의 수익이 지난 3년간 크게 증가했습니다.

☞ 동사 rise는 누군가가 수치를 인위적으로 올리는 게 아니라 사업이 잘 되다 보니
저절로 증가하는 경우를 나타내므로 뒤에 목적어를 가지지 않는 자동사에 속합니다.

그런데 토익에서는 1형식 자동사 뒤에 단순히 부사 하나만 사용되는 구조보다는 대체로 길이가 긴 부사구가 사용되는 경우가 많습니다. 특히 「전치사 + 명사」 구조에서 형용사나 소유격 등이 명사 앞에서 명사를 수식하여 구조가 복잡해 보이기도 하는데, 전치사만 파악하면 되므로 겁먹을 필요가 없습니다.

자동사 + 전치사 + 명사

The flight to London will **depart from** Gate 6 at 2:30 P.M.
런던 행 항공편이 오후 2시 30분에 6번 탑승구에서 출발할 것입니다.

자동사 + 전치사 + 소유격 + 명사

Mr. Wilson **serves in** the city's housing committee.
윌슨 씨는 시의 주택위원회에서 근무하고 있습니다.

그런데 영어의 동사들 중 상당수는 자동사와 타동사로 모두 사용될 수 있습니다. 따라서 빈칸이 자동사 자리인데 선택지에 타동사들만 나와 있다면 그 중에서 아래 예문의 increase처럼 자동사로도 사용될 수 있는 동사를 고르면 됩니다.

동사 increase 뒤의 숫자는 목적어가 아니라 '~만큼'이라는 부사 표현의 일부

The gas prices suddenly **increased 10 percent** this month.
·휘발유 가격이 이번 달에 갑자기 10퍼센트 상승하였다.

■ 2형식: 주어 + 동사 + 보어(형용사/명사)

자동사들 중에 주어의 행위가 아니라 주어의 상태를 나타내는 것들을 2형식 자동사라고 합니다. 2형식 자동사의 가장 큰 특징은 주어의 상태를 설명하는 형용사 보어가 뒤에 따라온다는 것입니다.

토익에서 사용되는 2형식 자동사의 수가 많지 않기 때문에 be동사(~이다), become (~이 되다), seem(~처럼 보이다), remain(계속 ~이다), appear(~처럼 보이다), prove(~인 것으로 드러나다) 등 몇 개만 기억해두면 됩니다.

자동사 + 형용사
Although we lost a large customer base, our profits have **remained** steady.
비록 우리가 큰 고객 기반을 잃었지만, 우리의 수익은 꾸준한 수준을 유지했다.

특히, 2형식 자동사들 중 seem, remain, appear, prove 등은 형용사 앞에 「to be」가 들어가기도 합니다.

Mr. James Heinz has **proved** to be invaluable to us by closing such a large deal by himself.
제임스 하인즈 씨는 그렇게 큰 계약을 혼자 성사시킴으로써 우리에게 귀중한 존재임을 입증했다.

2형식 자동사 뒤에 와서 주어를 설명하는 보어로 주로 형용사가 사용되지만, 드물게 명사가 보어로 사용되는 경우도 있습니다. 이 명사 보어를 타동사의 목적어와 헷갈릴 수도 있는데, 명사 보어가 주로 주어의 신분이나 사회적 위치, 자격 등을 나타낸다는 것만 기억한다면 쉽게 구분할 수 있습니다.

사회적 위치를 나타내는 명사구
The Goodwill Finances quickly **became** one of the most successful businesses in Europe.
굿윌 파이낸스 사는 금방 유럽에서 가장 성공한 기업들 중 하나가 되었다.

신분을 나타내는 명사구
Singer Aaron Davis **remains** the most influential entertainer according to a survey.
여론 조사에 따르면, 가수 아론 데이비스가 가장 영향력 있는 연예인 자리를 지키고 있다.

Practice | 정답 및 해설 p. 41

▲ 강의 바로보기

오늘 배운 내용을 바탕으로 연습문제를 풀어 보세요.

1 Mr. Wayne mainly ------- to questions from potential customers during the product presentation.

(A) remained   (B) responded
(C) welcomed   (D) assisted

memo

2 All employees are invited to ------- in the farewell party for Jerry Mitchell tomorrow.

(A) select   (B) organize
(C) review   (D) participate

3 With a new advertising strategy, our profits -------
sharply.

(A) connected   (B) rose
(C) pulled   (D) added

4 Our employee handbook says that short pants and slippers are not ------- for business meetings.

(A) accept   (B) acceptable
(C) accepts   (D) acceptance

5 Our rates ------- according to availability and time of the year.

(A) vary   (B) present
(C) discuss   (D) attend

Unit 08 문장구조: 3, 4, 5형식

▲ 강의 바로보기

학습 포인트

- 타동사: 바로 뒤에 행위 대상(= 목적어)을 가지는 동사이며, 동사 뒤의 구조에 따라 세 가지로 분류
- 3형식: 주어 + 동사 + 목적어
- 4형식: 주어 + 동사 + 간접목적어 + 직접목적어
- 5형식: 주어 + 동사 + 목적어 + 목적격보어

■ 타동사

타동사는 행위가 직접 미치는 대상인 목적어를 가지는 동사입니다. 여기서 행위가 직접 미친다는 것은 행위의 대상이 분명히 정해진 것을 뜻합니다. 예를 들어, 자동사 arrive는 단지 도착하는 행위만을 나타내므로 도착 행위 대상인 장소가 언급되지 않아도 의미가 통합니다. 하지만 같은 뜻을 가지는 동사 reach는 행위 대상인 도착 장소를 강조하기 때문에, 뒤에 반드시 목적어가 있어야 합니다. 이러한 동사를 **타동사**라고 합니다.

All managers should <u>reach</u> the office by 7:00 A.M. on Monday.
모든 부장들은 월요일에 오전 7시까지 회사에 도착해야 한다.

위 예문에서 동사 뒤에 the office라는 장소 명사가 나와 있고, 동사와 명사 사이에 전치사가 없습니다. 따라서 이 명사는 목적어로 사용된 것이므로 동사 reach는 목적어를 직접 가지는 타동사라고 볼 수 있습니다. 토익 시험에서는 reach와 함께 비슷한 뜻을 가진 travel(이동하다)이나 stay(머무르다) 등의 동사들이 선택지에 주어질 수 있는데, 이 동사들은 모두 목적어를 가지려면 뒤에 전치사가 필요한 자동사라는 점에서 정답 후보에서 제외됩니다.

3초 퀴즈

All entries to the contest must -------- the guidelines.

(A) act
(B) follow

3형식: 주어 + 동사 + 목적어

3형식 타동사에서는 동사들마다 가지는 목적어가 서로 다르다는 것을 알아 두어야 합니다. 일반적으로 ① 명사 ② to부정사 ③ 동명사 ④ 명사절 등이 목적어로 사용되는데, 각 동사들이 가지는 목적어 유형을 구분할 줄 알아야 합니다. 특히, 명사를 목적어로 가지는 동사의 경우 주어 또는 명사와의 의미 관계가 적절해야 합니다.

명사 목적어
Kim & Smith Cleaning always offers the highest satisfaction.
킴 앤 스미스 클리닝은 항상 최고의 만족감을 제공합니다.

☞ 주어가 회사 이름이고, 목적어로 회사가 고객에게 주는 사항이 언급되어 있으므로 '~을 제공하다'라는 뜻의 offer가 동사 자리에 오는 것이 적절합니다.

목적어로 to부정사 형태만 가능
The new mayor, Jim Atkins, promised to construct several parks along the river.
신임 시장 짐 앳킨스는 강을 따라서 몇 개의 공원들을 만들겠다고 약속했다.

목적어로 동명사 형태만 가능
Please avoid using the device in places with high temperatures.
기기를 고온의 장소에서 사용하는 것을 피하십시오.

3형식에서 동명사 또는 to부정사를 목적어로 가지는 동사보다 더 자주 출제되는 유형은 명사절을 목적어로 가지는 동사들입니다. 주로 that 명사절이 정답 단서로 제시되며, 어떤 내용을 '전달'하는 의미로 사용됩니다. 이 유형은 다시 ① 목적어로 that 명사절만 가지는 경우 그리고 ② 「사람 목적어 + that 명사절」을 목적어로 가지는 특수한 경우로 나뉩니다.

내용을 전달하는 동사
Government safety regulations state that workers must wear protective gear at construction sites.
정부의 안전 규정은 근로자들이 건축 현장에서 반드시 안전 장비를 착용하도록 정하고 있다.

「동사 + 사람 목적어 + that 명사절」의 구조를 지니는 동사들은 뒤에 내용을 전달받는 사람 목적어가 추가되는데, 목적어로 that 명사절만을 가지는 동사들과 의미로 구분하기가 다소 어렵습니다. 그러므로 inform A that(A에게 ~라고 알려주다), remind A that(A에게 ~라는 것을 상기시키다), notify A that(A에게 ~라고 알려주다), describe A that(A에게 ~라고 설명하다), assure A that(A에게 ~라고 장담하다) 등 대표적인 동사들을 숙어로 외워 두는 것이 좋습니다.

사람 목적어 + that 명사절(= 전달 내용)
Mr. Waddell assured his staff that there will be a big bonus after the merger.
와델 씨는 직원들에게 그 합병이 성사된 후에 상당한 보너스가 주어질 것이라고 보증했다.

■ 4형식: 주어 + 동사 + 간접목적어 + 직접목적어

4형식 타동사는 동사 뒤에 간접목적어(= 사람)와 직접목적어(= 사물)인 명사 두 개가 연속으로 제시되며, 수동태 구조로도 자주 사용됩니다.

사람 목적어   사물 목적어
The Sheraton Studio **grants** workers **an extra holiday** when they work on weekends.
쉐라톤 스튜디오는 직원들이 주말에 일하는 경우 하루 더 휴일을 제공하고 있다. ☞ **능동태**

사람 목적어(→ 주어)   사물 목적어
Workers **are granted** an extra holiday when they work on weekends at the Sheraton Studio.
쉐라톤 스튜디오에서 직원들은 주말에 일하는 경우 하루 더 휴일을 제공받고 있다. ☞ **수동태**

사물 목적어(→ 주어)   전치사 + 사람 목적어
An extra holiday **is granted** to workers when they work on weekends at the Sheraton Studio.
쉐라톤 스튜디오에서 직원들이 주말에 일하는 경우 하루 더 휴일을 제공받는다. ☞ **수동태**

■ 5형식: 주어 + 동사 + 목적어 + 목적격보어

5형식 타동사는 동사의 목적어 뒤에 목적어를 설명하는 보어가 추가된 구조입니다. 이때 동사들마다 명사, 형용사, 또는 to부정사 등 다른 형태의 목적격보어를 가질 수 있는데, 특히, invite, ask, remind, require, advise, allow는 「be + invited/asked/reminded/required/advised/allowed + to부정사」의 수동태 구조로 자주 사용됩니다.

목적어   형용사 보어
This newsletter is to **keep team leaders informed** about current marketing trends.
이 뉴스레터의 목적은 팀장들이 현 마케팅 트렌드에 대해 숙지하도록 하는 것이다.

목적어   to부정사 보어
The transportation authority **reminded all drivers to slow down** on 7th Street due to slippery roads.
교통 당국은 모든 운전자들에게 도로가 미끄러우므로 7번가에서 속도를 늦추도록 상기시켰다.

All department managers **are required to attend** the upcoming workshop on team management.
모든 부서장들은 팀 관리에 관한 다가오는 워크숍에 꼭 참석해야 한다.

▲ 강의 바로보기

오늘 배운 내용을 바탕으로 연습문제를 풀어 보세요.

1 Please ------- your private code to gain access to your account.

   (A) result   (B) enter
   (C) proceed   (D) apply

memo

2 Mr. Hailey ------- that some items were missing when his order arrived.

   (A) cared   (B) arranged
   (C) noticed   (D) began

3 Hyesung Technologies has been ------- a contract with local schools to equip them with powerful e-learning systems.

   (A) operated   (B) discounted
   (C) awarded   (D) limited

4 Ms. Rose ------- her clients that her company will launch a new service next year.

   (A) informed   (B) stated
   (C) agreed   (D) determined

5 Participants are ------- to bring their own food and drinks to next week's company outing.

   (A) expressed   (B) advised
   (C) reported   (D) forwarded

토익 노베이스 기초 문법 / 구문
정답 및 해설

Unit 01 품사: 명사

3초 퀴즈

1.
정답 (A)

해석 직원들은 작업장에서 보호 장비를 착용해야 한다.

해설 빈칸은 동사 앞에 위치해 보호 장비를 착용하는 행위를 하는 주체 즉, 주어가 들어갈 자리이므로 명사 (A) Employees가 정답이다.

어휘 wear ~을 착용하다 protective gear 보호 장비 workplace 작업장 employee 직원 employ ~을 고용하다

Practice

1.
정답 (C)

해석 우리 공장에서 생산성이 계속해서 증가하고 있다.

해설 빈칸은 동사 앞에 위치해 계속해서 증가하는 주체를 나타낼 주어 자리이므로 -ity로 끝나는 명사 (C) Productivity가 정답이다.

어휘 continually 계속해서 increase 증가하다 factory 공장 produce ~을 생산하다 productive 생산적인 productivity 생산성

2.
정답 (B)

해석 사용자들은 설명서에서 우리 제품에 대한 정보를 찾을 수 있다.

해설 빈칸은 동사 뒤에 위치해 사용자들이 찾을 수 있는 대상을 나타낼 목적어 자리이므로 -tion으로 끝나는 명사 (B) information이 정답이다.

어휘 user 사용자 find ~을 찾다 product 제품 manual 설명서 inform ~을 알리다 information 정보 informed 잘 아는 informational 정보의

3.
정답 (C)

해석 그린 푸드 사의 대표이사는 거대한 대형 계약자들과 성공적으로 계약을 맺었다.

해설 빈칸은 동사 뒤에 위치해 대표이사가 성공적으로 맺은 대상을 나타낼 목적어 자리이므로 -ment로 끝나는 명사 (C) agreement가 정답이다.

어휘 successfully 성공적으로 make an agreement 계약을 맺다 contractor 계약자 agree ~에 동의하다 agreeable 선뜻 동의하는

4.
정답 (D)

해석 관리자들은 자신감을 가지고 결정해야 한다.

해설 빈칸은 동사 뒤에 위치해 관리자들이 자신감을 가지고 해야 할 행위의 대상을 나타낼 목적어 자리이므로 -sion으로 끝나는 명사 (D) decisions가 정답이다.

어휘 manager 관리자 make a decision 결정하다 confidence 자신감 decide ~을 결정하다 decidedly 확실히 decisive 결정적인

5.
정답 (C)

해석 지원서가 6월 6일 전에 도착한다면 고려될 것이다.

해설 빈칸은 동사 앞에 위치해 고려되는 대상을 나타낼 주어 자리이므로 -tion으로 끝나는 명사 (C) Applications가 정답이다.

어휘 consider ~을 고려하다 arrive 도착하다 before ~전에 apply 지원하다 application 지원서 applicable 적용할 수 있는

Unit 02 품사: 대명사

3초 퀴즈

1.
정답 (B)

해석 오실 때 샘플을 가져오셔서 그것들을 고객들에게 보여주십시오.

해설 빈칸이 동사 뒤에 있으므로 빈칸은 목적어 자리이다. 따라서 목적격 인칭대명사 (B) them이 정답이다.

어휘 bring ~을 가져오다 show ~을 보여주다 client 고객

2.
정답 (B)

해석 케네스 씨는 그의 잡지 구독권을 갱신하기를 원하는지 질문을 받았다.

해설 빈칸 뒤에 명사가 있고, 선택지가 인칭대명사로 구성되어 있으므로 명사 앞에 쓰이는 소유격 (B) his가 정답이다.

어휘 be asked 질문 받다 renew ~을 갱신하다 subscription 구독권

Practice

1.
정답 (A)

해석 이번 주말에 일할 수 있으시면 저에게 알려주세요.

해설 빈칸 뒤에 동사가 있으므로 빈칸은 주어 자리 즉, 주격이 들어갈 자리이다. 따라서 (A) you가 정답이다.

어휘 work 일하다 weekend 주말

2.
정답 (C)

해석 공장에는 30명의 직원들이 있는데, 그들 중 몇몇은 다음 달에 은퇴할 것이다.

해설 빈칸 앞에 전치사가 있으므로 빈칸은 목적어 자리 즉, 목적격이 들어갈 자리이다. 따라서 (C) them이 정답이다.

어휘 worker 직원 factory 공장 some 몇몇 retire 은퇴하다

3.
정답 (C)

해석 내가 내 것을 끝냈을 때 제니스 씨가 나에게 그녀의 보고서를 검토해달라고 요청했다.

해설 빈칸 앞에 동사가 있으므로 빈칸은 목적어 자리, 즉 목적격이 필요한 자리이다. 그런데 목적격이 선택지에 없고, 빈칸에 들어갈 대명사가 가리키는 것이 사람이 아니라 사람이 소유한 사물인 보고서를 뜻해야 하므로 소유대명사 (C) mine이 정답이다.

어휘 ask A to do A에게 ~할 것을 요청하다 review ~을 검토하다 report 보고서 finish ~을 끝내다

4.
정답 (B)

해석 로빈슨 씨는 도시 밖으로 이사할 예정이기 때문에 그의 일을 그만두는 것을 고려 중이다.

해설 빈칸 뒤에 명사가 있으므로 명사 앞에 쓰일 수 있는 소유격 (B) his가 정답이다.

어휘 consider ~을 고려하다 quit ~을 그만두다 job 일 because ~때문에 move 이사하다 out of ~밖으로

5.
정답 (C)

해석 우리 직원들의 대부분이 직장에 갈 때 직접 차를 운전한다.

해설 선택지가 인칭대명사로 구성되어 있고 빈칸 앞에 주어와 동사, 목적어를 갖춘 완전한 문장이 있으므로 빈칸에는 재귀대명사가 들어가야 한다. 따라서 (C) themselves가 정답이다.

어휘 most 대부분 employee 직원 drive ~을 운전하다 come to work 직장에 가다

Unit 03 품사: 동사

3초 퀴즈

1.
정답 (B)

해석 리 씨는 다음 주에 도쿄 IT 컨퍼런스에 참석할 것이다.

해설 문장 마지막에 next week라는 미래시제 단서가 있으므로 미래시제 (B) will attend가 정답이다.

어휘 attend ~에 참석하다, 참여하다

2.
정답 (B)

해석 모든 참가자들이 컨퍼런스에서 김 씨의 발표에 의해 깊은 인상을 받았다.

해설 빈칸 뒤에 「by + 행위자」가 있고 참가자들은 깊은 인상을 받은 대상이므로 수동태인 (B) were impressed가 정답이다.

어휘 participant 참가자 presentation 발표 impress ~에게 깊은 인상을 주다

Practice

1.
정답 (A)

해석 힐튼 씨는 그의 후임자로 휘트먼 씨의 임명을 발표했다.

해설 빈칸 앞에 주어와 조동사가 있으므로 빈칸은 동사 자리이다. 따라서 (A) announce가 정답이다.

어휘 appointment 임명 successor 후임자, 계승자 announce ~을 발표하다 announcement 발표 announcer 방송 진행자, 아나운서

2.
정답 (A)

해석 저희의 무료 샘플을 다운로드하기 위해 단계적인 설명을 따르세요.

해설 빈칸 앞에 부사 Please가 있으므로 빈칸은 동사 자리이고,

Please 뒤에는 동사원형이 와야 한다. 따라서 (A) follow가 정답이다.

어휘 step-by-step 단계적인 instruction 설명, 지시 in order to ~하기 위한 free 무료의 follow ~을 따르다 follower 따르는 사람, 팔로워

3.
정답 (A)

해석 글로벌 로지스틱스 사는 늦은 배송 또는 파손된 제품에 대한 청구를 24시간 받는다.

해설 빈칸 앞에 주어가 있으므로 빈칸은 동사 자리이다. 또한 주어인 회사명은 단수이므로 단수동사 (A) accepts가 정답이다.

어휘 claim 청구 (요청) late 늦은 delivery 배송 damaged 파손된 goods 제품 accept ~을 받아들이다 acceptance 수락 acceptable 받아들여지는

4.
정답 (B)

해석 스탠리 & 로건 법률 사무소는 작년에 몇몇 의뢰인들을 잃었다.

해설 빈칸 앞에 주어가 있으므로 빈칸은 동사 자리이다. 또한, 문장 마지막에 last year라는 과거시점이 있으므로 과거시제 (B) lost가 정답이다.

어휘 law 법률 client 의뢰인 lose ~을 잃다 loser 실패자

5.
정답 (D)

해석 주말 연장근무 일정은 수요일까지 인사과에 제출되어야 한다.

해설 빈칸 앞에 주어와 조동사가 있으므로 빈칸은 동사 자리이다. 연장근무 일정은 사람에 의해 제출되는 대상이므로 수동태 (D) be submitted가 정답이다.

어휘 overtime 연장근무 schedule 일정 personnel 인사 submit ~을 제출하다

Unit 04 형용사/부사

3초 퀴즈

1.

정답 (A)

해석 벤처 사업을 시작할 때 신중한 접근을 해야 한다.

해설 빈칸 뒤에 명사가 있으므로 명사의 특징을 설명해주는 형용사 (A) careful이 정답이다.

어휘 **approach** 접근 **start** ~을 시작하다 **business** 사업 **careful** 신중한 **carefully** 신중하게

2.

정답 (B)

해석 주택 가격이 증가하는 수요로 인해 천천히 오르고 있다.

해설 빈칸에는 주택 가격이 상승하는 상태를 강조할 부사가 필요하므로 (B) slowly가 정답이다.

어휘 **housing** 주택 **increase** 오르다, 증가하다 **due to** ~로 인해 **rising** 증가하는 **demand** 수요, 요구 **slow** 느린 **slowly** 천천히, 느리게

Practice

1.

정답 (B)

해석 소셜 미디어 플랫폼은 요즘 마케팅의 가장 효과적인 방법으로 보인다.

해설 빈칸 뒤에 명사가 있으므로 명사를 꾸며주며, -ive로 끝나는 형용사 (B) effective가 정답이다.

어휘 **way** 방법 **these days** 요즘 **effect** 효과 **effective** 효과적인 **effectively** 효과적으로

2.

정답 (B)

해석 해리스 오토 샵은 수요일에 제한된 시간 동안 문을 연다.

해설 빈칸 뒤에 명사가 있으므로 명사를 꾸며주며, -ed로 끝나는

형용사 (B) limited가 정답이다.

어휘 **open** 문을 연 **limit** v. 제한하다 n. 제한 **limited** 제한된 **limitation** 제한

3.

정답 (C)

해석 새로운 법은 모든 사업체들이 일반 쓰레기와 재활용 쓰레기를 분리해서 모을 것을 요구한다.

해설 빈칸 앞에 동사와 목적어가 있으므로 빈칸은 동사를 수식할 수 있는 부사 자리이다. 따라서 -ly로 끝나는 부사 (C) separately가 정답이다.

어휘 **law** 법 **require A to do** A가 ~할 것을 요구하다 **collect** ~을 모으다 **general** 일반의 **garbage** 쓰레기 **recyclable waste** 재활용 쓰레기 **separate** v. ~을 분리시키다 a. 분리된 **separately** 분리해서, 따로 **separation** 분리

4.

정답 (A)

해석 저희는 주인이 없이 남겨진 물품들의 분실에 대해 책임이 없다는 것을 알아두시길 바랍니다.

해설 빈칸 앞에 be동사가 있으므로 빈칸은 주어를 보충 설명할 보어 자리이다. 따라서 보어 역할을 할 수 있는 형용사 (A) responsible이 정답이다.

어휘 **be advised that** ~라는 것을 알아두다 **loss** 분실 **unattended** 주인이 없이 남겨진 **responsible** 책임이 있는 **responsibly** 책임감 있게 **response** 반응 **responsibility** 책임

5.

정답 (D)

해석 해밍턴 호텔은 공항 근처에 편리하게 위치해 있다.

해설 빈칸 뒤에 과거분사 형태의 형용사가 있으므로 빈칸은 형용사를 수식할 수 있는 부사 자리이다. 따라서 -ly로 끝나는 부사 (D) conveniently가 정답이다.

어휘 **located** 위치한 **near** ~근처에 **convenience** 편리 **convenient** 편리한 **conveniently** 편리하게

Unit 05 전치사/접속사

3초 퀴즈

1.
정답 (B)

해석 우리 팀 리더들은 그날의 이슈를 논의하기 위해 매일 오전 8시에 만난다.

해설 빈칸 뒤에 시간을 나타내는 명사가 있으므로 시간 전치사 (B) at이 정답이다.

어휘 meet 만나다 discuss ~을 논의하다

2.
정답 (A)

해석 제 사무실로 오기 위해 102번 버스 또는 지하철 7호선을 타시면 됩니다.

해설 빈칸 앞뒤에 사무실로 갈 수 있는 선택 대상들이 명사로 제시되어 있으므로 성질이 같은 요소를 연결하는 접속사 (A) or이 정답이다.

어휘 take (대중교통을) 타다 come to ~로 오다, 가다 or 또는 so 그래서, 그러므로

Practice

1.
정답 (B)

해석 우리 라임 소프트웨어 사는 고객 만족을 소중히 여깁니다.

해설 빈칸 뒤에 제시된 회사명은 경계가 모호한 장소이므로 (B) at이 정답이다.

어휘 value ~을 소중히 여기다 customer 고객 satisfaction 만족

2.
정답 (B)

해석 한국에서의 온라인 교육 시장은 3년 이내에 30퍼센트 증가할 것으로 예상된다.

해설 빈칸 뒤에 기간이 제시되어 있으므로 기간 명사와 함께 쓰이는 전치사 (B) within이 정답이다.

어휘 education 교육 market 시장 be expected to do ~할 것으로 예상되다 increase 증가하다 within ~이내에 already 이미

3.
정답 (D)

해석 저희 소프트웨어는 개인 사용자들에게 무료이지만, 기부는 감사드립니다.

해설 빈칸 앞뒤의 내용이 상반된 내용이므로 상반을 나타내는 등위 접속사 (D) but이 정답이다.

어휘 free 무료의 individual 개인의 donation 기부 appreciate ~을 고마워하다 for ~을 위해 or 또는 if ~라면 but 하지만, 그러나

4.
정답 (B)

해석 스탠 씨가 그린 씨보다 경험이 적음에도 불구하고, 그녀는 회계 자격증을 가지고 있다.

해설 빈칸 뒤로 두 개의 절이 콤마로 이어져 있으므로 빈칸은 접속사 자리이다. 또한, 콤마 앞쪽의 내용이 상반된 내용이므로 '~임에도 불구하고'라는 뜻을 가진 (B) Although가 정답이다.

어휘 experienced 경험이 많은 certificate 자격증 accounting 회계 that ~라는 것 although ~임에도 불구하고 because ~때문에 but 그러나, 하지만

5.
정답 (D)

해석 귀하의 핸드폰이 수리되는 동안, 저희가 무료 대체 핸드폰을 제공해드릴 수 있습니다.

해설 빈칸 앞뒤로 두 개의 절이 제시되어 있으므로 빈칸은 접속사 자리이다. 또한, 빈칸 뒤의 내용이 무료 대체 핸드폰을 제공해 주는 기간을 나타내므로 '~동안'이라는 뜻의 (D) while이 정답이다.

어휘 offer A B A에게 B를 제공하다 free 무료의 loaner 대체품 repair ~을 수리하다, 고치다 and 그리고 during ~동안 also 또한 while ~동안

Unit 06 문장구조: 구와 절

3초 퀴즈

1.

정답 (A)

해석 이사회는 대표이사직에 모든 후보자들을 고려했고, 내일 결과를 발표할 것이다.

해설 주어와 빈칸, 그리고 접속사와 동사가 있으므로 빈칸은 절의 동사 자리이다. 따라서 (A) considered가 정답이다.

어휘 board 이사회 candidate 후보자 position ~직, 자리 announce ~을 발표하다 result 결과 consider ~을 고려하다 consideration 고려

Practice

1.

정답 (A)

해석 곧 다가올 워크숍에 참석하기를 희망하신다면 송 씨에게 연락하십시오.

해설 빈칸 앞에 명령문과 접속사가 있고, 빈칸 뒤에 동사가 있으므로 빈칸은 주어 자리이다. 따라서 주어 역할을 할 수 있는 주격 인칭대명사 (A) you가 정답이다.

어휘 contact ~에게 연락하다 wish ~을 희망하다 attend ~에 참석하다 upcoming 곧 다가올

2.

정답 (D)

해석 새로운 직원들을 환영하기 위해 회의가 7월 2일로 잡혔다.

해설 문장에 반드시 있어야 할 동사가 없으므로 선택지에서 유일한 동사인 (D) is scheduled가 정답이다.

어휘 welcome ~을 환영하다 employee 직원 scheduler 스케줄러 schedule 일정을 잡다

3.

정답 (C)

해석 저희 새로운 서비스에 관심이 있는 사람을 위해 다음 주에 정보 교육을 열 것입니다.

해설 문장에 이미 주어와 동사가 있으므로 빈칸에는 전치사의 목적어인 명사를 수식할 수 있는 분사 또는 to부정사가 들어가야 한다. 빈칸 앞에 있는 명사가 to부정사의 수식을 받을 수 없으므로 과거분사 (C) interested가 정답이다.

어휘 hold ~을 열다, 개최하다 information 정보 session 교육(시간) interest n. 관심 v. ~에게 관심을 보이다 interested 관심이 있는

4.

정답 (A)

해석 새로운 메시지 앱으로, 다른 부서들 간의 의사소통이 더욱 향상될 것이다.

해설 콤마 뒤에 주어와 동사가 있고, 빈칸을 포함한 구에 주어와 동사 없이 명사만 있으므로 빈칸에 전치사가 들어가 전치사구를 구성해야 한다. 따라서 (A) With가 정답이다.

어휘 communication 의사소통 between ~간의, ~사이에 department 부서 improve ~을 향상시키다 with ~으로 when ~할 때 although ~임에도 불구하고 also 또한

5.

정답 (B)

해석 주민들은 밤에 수면에 영향을 미치는 소음에 대해 불평하고 있다.

해설 문장에 주어와 동사가 이미 있고, 빈칸 앞에 전치사의 목적어인 명사가 있으므로 빈칸은 명사를 수식할 수 있는 to부정사 또는 분사의 자리이다. 선택지에 to부정사가 없으므로 현재분사 (B) affecting이 정답이다.

어휘 resident 주민 complain about ~에 대해 불평하다 noise 소음 sleep 수면, 잠 affect ~에 영향을 미치다

Unit 07 문장구조: 1, 2형식

3초 퀴즈

1.

정답 (A)

해석 우리 회사에 입사하기 전에, 심슨 씨는 B&C 스포츠웨어 사의 수석 디자이너로 근무했다.

해설 선택지가 동사로 구성되어 있고 빈칸 뒤에 전치사 as가 있으므로 빈칸은 목적어를 필요로 하지 않은 자동사 자리이다. 따라서 (A) served가 정답이다.

어휘 join ~에 입사하다 chief designer 수석 디자이너 serve 근무하다 involve ~을 포함하다

Practice

1.

정답 (B)

해석 웨인 씨는 주로 상품 발표회 동안 잠재 고객들로부터의 질문에 답변했다.

해설 선택지가 동사로 구성되어 있고 빈칸 뒤에 전치사와 명사가 있으므로 빈칸은 자동사 자리이다. 따라서 1형식 자동사 (B) responded가 정답이다.

어휘 mainly 주로 potential customer 잠재 고객 during ~동안 product 상품 presentation 발표 remain 계속 ~이다 respond 답변하다, 응답하다 welcome ~을 환영하다, 맞이하다 assist ~을 돕다, 도움을 주다

2.

정답 (D)

해석 모든 직원들은 내일 제리 미첼 씨를 위한 송별 파티에 참석하도록 초대받았다.

해설 선택지가 동사로 구성되어 있고 빈칸 뒤에 전치사와 명사가 있으므로 빈칸은 자동사 자리이다. 따라서 1형식 자동사 (D) participate가 정답이다.

어휘 employee 직원 be invited to do ~하도록 초대받다 farewell 송별 select ~을 선택하다 organize ~을 조직하다 review ~을 검토하다 participate 참석하다

3.

정답 (B)

해석 새로운 광고 전략으로, 우리의 수익이 급격하게 증가했다.

해설 선택지가 동사로 구성되어 있고 빈칸 뒤에 부사가 있으므로 빈칸은 자동사 자리이다. 따라서 1형식 자동사 (B) rose가 정답이다.

어휘 advertising 광고 strategy 전략 profit 수익 sharply 급격하게 connect ~을 연결하다 rise 증가하다, 오르다 pull ~을 당기다 add ~을 추가하다

4.

정답 (B)

해석 직원 안내서에 반바지와 슬리퍼는 비스니스 회의에 허용되지 않는다고 되어 있다.

해설 빈칸 앞에 2형식 자동사 be동사가 있으므로 빈칸에는 명사 또는 형용사가 보어로 와야 한다. 명사 (D) acceptance 가 주어의 신분이나 자격을 나타내지 않으므로 형용사 (B) acceptable이 정답이다.

어휘 handbook 안내서 accept ~을 허용하다 acceptable 허용되는 acceptance 허용

5.

정답 (A)

해석 저희 요금은 가용성과 때에 따라 변동합니다.

해설 선택지가 동사로 구성되어 있고 빈칸 뒤에 전치사와 명사가 있으므로 빈칸은 자동사 자리이다. 따라서 1형식 자동사 (A) vary가 정답이다.

어휘 rate 요금, 비율 according to ~에 따르면 availability 가용성 vary 변동하다, 변하다 present ~을 제시하다 discuss ~을 논의하다 attend ~에 참석하다

Unit 08 문장구조: 3, 4, 5형식

3초 퀴즈

1.
정답 (B)

해석 대회에서의 모든 출품작은 반드시 가이드라인을 따라야 한다.

해설 빈칸 뒤에 명사 목적어가 있으므로 빈칸은 타동사 자리이다. 따라서 3형식 타동사 (B) follow가 정답이다.

어휘 entry 출품작 contest 대회 act 행동하다 follow ~을 따르다

Practice

1.
정답 (B)

해석 귀하의 계정에 접속하기 위해 개인 코드를 입력하세요.

해설 빈칸 뒤에 소유격, 형용사, 그리고 1개의 명사 목적어가 있으므로 빈칸은 타동사 자리이다. 따라서 3형식 타동사 (B) enter가 정답이다.

어휘 private code 개인 코드 gain access to ~에 접속하다 account 계정 result 발생하다 enter ~을 입력하다 proceed 진행되다 apply 적용하다

2.
정답 (C)

해석 헤일리 씨는 그의 주문품이 도착했을 때 몇몇 물품들이 분실된 것을 알아차렸다.

해설 빈칸 뒤에 that 명사절이 있으므로 빈칸은 이 명사절을 목적어로 취할 타동사 자리이다. 따라서 that절을 목적어로 취하는 3형식 타동사 (C) noticed가 정답이다.

어휘 missing 분실된, 잃어버린 order 주문품 arrive 도착하다 care 돌보다 arrange ~을 마련하다, 준비하다 notice ~을 알아차리다, 주목하다 begin ~을 시작하다

3.
정답 (C)

해석 혜성 테크놀로지 사는 지역 학교들에 강력한 이러닝 시스템을 갖추어 주는 계약을 했다.

해설 빈칸 앞에 been, 빈칸 뒤에 명사 목적어가 하나 있으므로 빈칸은 4형식 타동사의 수동태 자리이다. 선택지에서 3형식 타동사를 제외하고 빈칸 뒤에 제시된 '계약'과 함께 '주다'라는 뜻을 나타낼 수 있는 4형식 동사 (C) awarded가 정답이다.

어휘 local 지역의 equip A with B A가 B를 갖추게 하다 powerful 강력한 operate ~을 관리하다, 운용하다 discount ~을 할인하다 award A a contract A에게 계약해 주다 limit ~을 제한하다

4.
정답 (A)

해석 로즈 씨는 고객들에게 그녀의 회사가 내년에 새로운 서비스를 시작한다는 것을 알렸다.

해설 빈칸 뒤에 사람 목적어와 that 명사절이 나와 있으므로 이 구조로 사용 가능한 3형식 특수 타동사 (A) informed가 정답이다.

어휘 client 고객 launch ~을 시작하다 inform ~을 알리다 state ~을 언급하다 agree 동의하다 determine ~을 결정하다

5.
정답 (B)

해석 참가자들은 다음 주 회사 야유회에 각자 음식과 음료를 가져오는 것이 권고된다.

해설 빈칸 앞에는 be동사가, 빈칸 뒤에는 to부정사가 있으므로 빈칸에는 5형식 타동사의 과거분사형이 들어가 5형식 타동사의 수동태 구조를 구성해야 한다. 따라서 (B) advised가 정답이다.

어휘 participant 참가자 be advised to do ~하는 것이 권고되다 bring ~을 가지고 오다 outing 야유회 express ~을 표현하다 report ~을 보고하다 forward ~을 전송하다